Mi biblioteca de ciencias

¡Gravedad!
¿La sientes?

Buffy Silverman

Editora científica:
Kristi Lew

Rourke
Educational Media

rourkeeducationalmedia.com

Teacher Notes available at
rem4teachers.com

Editora científica: Kristi Lew

Antigua maestra de escuela secundaria con una formación en bioquímica y más de 10 años de experiencia en laboratorios de citogenética, Kristi Lew se especializa en hacer que la información científica compleja resulte divertida e interesante, tanto para los científicos como para los no científicos. Es autora de más de 20 libros de ciencia para niños y maestros.

www.rourkeeducationalmedia.com

Photo credits:
Cover © mountainpix, Cover logo frog © Eric Pohl, test tube © Sergey Lazarev; Table Of Contents & Page 4© Phase4Photography; Page 5 © Kadroff; Page 7 © greenland; Page 9 © Racheal Grazias; Page 10 © Steve Collender; Page 11 © Richard Susanto; Page 13 © Monkey Business Images; Page 14 © TRINACRIA PHOTO, jackhollingsworthcom, LLC; Page 16 © Matamu; Page 15 © Peter Hansen; Page 17 © Orla; Page 19 © paul prescott; Page 21 © oorka

Editora: Kelli Hicks

Cubierta y diseño de página de Nicola Stratford, bdpublishing.com
Traducido por Yanitzia Canetti
Edición y producción de la versión en español de Cambridge BrickHouse, Inc.

Library of Congress Cataloging-in-Publication Data

Silverman, Buffy.
 ¡Gravedad! ¿La sientes? / Buffy Silverman.
   p. cm. -- (Mi biblioteca de ciencias)
 Includes bibliographical references and index.
 ISBN 978-1-61741-754-2 (Hard cover) (alk. paper)
 ISBN 978-1-61741-956-0 (Soft cover)
 ISBN 978-1-61236-929-7 (Soft cover - Spanish)
 1. Gravity--Juvenile literature. I. Title. II. Series.

QC178.S467 2012
531'.14--dc22   2011938885

Printed in China, FOFO I - Production Company
  Shenzhen, Guangdong Province

Rourke
Educational Media

rourkeeducationalmedia.com

customerservice@rourkeeducationalmedia.com • PO Box 643328 Vero Beach, Florida 32964

Contenido

¿Qué es la gravedad?

Lanza una pelota hacia arriba. No importa cuán duro tires la pelota, esta siempre regresa al suelo. ¿Qué hace que la pelota regrese a la Tierra? ¡La **gravedad**!

No puedes ver la gravedad. Pero sí puedes ver cómo esta atrae la pelota hacia la Tierra.

La gravedad es una **fuerza**. Una fuerza es algo que empuja o hala un objeto. La gravedad terrestre atrae los objetos hacia el centro de la Tierra.

¿Qué pasaría si no existiera la gravedad? Las rocas, las casas, las plantas y los animales flotarían en el espacio. También flotarían las personas.

Tienes que esforzarte mucho para subir una pared de escalada porque la gravedad hala hacia abajo.

La fuerza de gravedad atrae los objetos entre sí. Cada objeto en el **universo** atrae a otro objeto.

La Tierra, el Sol, la Luna y los **planetas** se atraen entre sí. Los edificios, los carros, y los trenes se atraen entre sí. ¡Tú también tienes **atracción gravitacional**!

La montaña rusa va a toda velocidad. La gravedad tira de esta y la hace subir y bajar.

9

¿Cómo funciona la gravedad?

En el universo, todo es **materia**. Las personas, el aire, el agua, las rocas y los planetas son materia. Los científicos llaman **masa** a la cantidad de materia que contiene un objeto.

El aire de estos globos es un tipo de materia. Materia es todo aquello que tiene masa y ocupa espacio.

¡Un árbol tiene más masa que tú!

Los objetos con mayor masa tienen mayor fuerza gravitacional. La Tierra tiene mucha mayor masa que tú. Esto significa que la Tierra hala con más fuerza.

La fuerza de gravedad de la Tierra te sujeta a esta.

Tu **peso** es una medida de la fuerza de gravedad entre la Tierra y tú. La Luna es más pequeña y tiene menos masa que la Tierra. Quiere decir que su gravedad hala con menos fuerza. Una niña de 70 libras (32 kilogramos) pesa solo 12 libras (5 kilogramos) en la Luna.

"En la Tierra yo peso 70 libras o 32 kilogramos".

"En la Luna yo peso 12 libras o 5 kilogramos".

Cuando los astronautas llegaron a la Luna, pesaban menos que en la Tierra.

Orbitar en el espacio

Los objetos en el espacio se atraen mutuamente. El Sol tiene mucha más masa que la Tierra. Su gravedad es más fuerte. El Sol tiene mayor atracción que la Tierra. Mantiene a la Tierra en su lugar mientras esta gira en una **órbita** alrededor del Sol.

El Sol representa el 99,86% de la masa del sistema solar. Atrae todos los planetas. Los planetas orbitan alrededor del Sol.

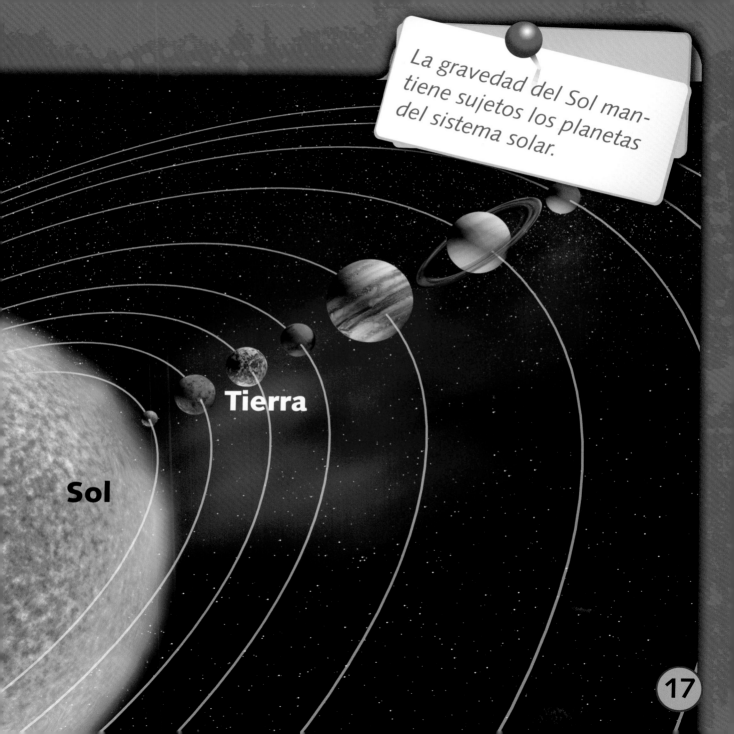

La Tierra tiene más masa que la Luna. Su gravedad es más fuerte. La gravedad de la Tierra atrae más que la gravedad de la Luna. La Luna orbita alrededor de la Tierra. No se puede escapar de la gravedad de la Tierra.

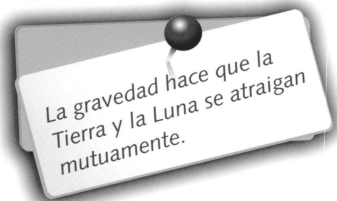

La gravedad hace que la Tierra y la Luna se atraigan mutuamente.

La fuerza de gravedad depende además de la distancia entre dos objetos. Los planetas que están muy distantes se atraen menos entre sí. Imagínate que viajas más allá de las lunas, los planetas o las estrellas. Casi no habría ninguna gravedad que te atraiga. ¡Te alejarías flotando!

Marte

Luna

Tierra

Marte está más lejos de la Tierra que la Luna. Hay menos atracción gravitacional entre la Tierra y Marte.

DEMUESTRA lo que sabes

1. ¿Qué pasaría si la Tierra no tuviera gravedad?

2. ¿Por qué hay menos gravedad en la Luna que en la Tierra?

3. ¿Cómo cambia tu peso si visitas un planeta con más masa que la Tierra?

Glosario

atracción gravitacional: la fuerza que hala los objetos entre sí

fuerza: algo que hala o empuja algo más

gravedad: fuerza que atrae y mantiene unida la materia

masa: cantidad de materia que contiene un objeto

materia: todo lo que tiene masa y ocupa espacio

órbita: trayectoria de un objeto que gira alrededor de un planeta o del Sol

peso: una medida de la fuerza de gravedad entre un objeto y la Tierra u otro planeta

planetas: grandes masas, como la Tierra, que giran alrededor de una estrella

universo: la Tierra, los planetas, las estrellas y todas las cosas que existen en el espacio

Índice

Sitios en la Internet

www.exploratorium.edu/ronh/weight/index.html

www.historyforkids.org/scienceforkids/physics/space/gravity.htm

www.primarygames.com/arcade/gravity/start.htm

www.sciencenetlinks.com/interactives/gravity.html

Acerca de la autora

Buffy Silverman intenta superar la gravedad cuando da caminatas y monta bicicleta. Cuando no está explorando el inmenso mundo al aire libre, escribe sobre las ciencias y la naturaleza.